D1672847

EDITION BELLETRISTIK

DIE REDUKTION DER PFIRSICHSAUCEN IM KÖSTLICHEN EREIGNISHORIZONT

ALEXANDER GRAEFF

Quartheft 74 | Edition Belletristik
1. Auflage
ISBN 978-3-945832-30-1

© 2019 Verlagshaus Berlin
Chodowieckistraße 2, 10405 Berlin
Alle Rechte vorbehalten.

www.verlagshaus-berlin.de

GEDICHTE: Alexander Graeff
ILLUSTRATIONEN: Mario Hamborg
LEKTORAT: Jo Frank
GESTALTUNG & SATZ: Andrea Schmidt
SCHRIFT: Sofa, Brandon Grotesque, Mrs. Eaves
BUCHDRUCK & -BINDUNG: Druckerei Totem / Printed in Poland, 2019
PAPIER: 90 g/m² Amber Graphic / 250 g/m² Iceblink weiß

WEITERE TITEL VON ALEXANDER GRAEFF IM VERLAGSHAUS BERLIN:
Vergessenes Oval / Edition ReVers / ISBN 978-3-945832-33-2
Kebehsenuf / Edition Belletristik / ISBN 978-3-940249-89-0
Minkowskis Zitronen / Edition Belletristik / ISBN 978-3-940249-45-6

Das Verlagshaus Berlin wurde 2018 mit dem Förderpreis des ersten Berliner Verlagspreises ausgezeichnet.

Alle Titel, die im Verlagshaus Berlin erscheinen, werden im Literaturarchiv Marbach, im Lyrik Kabinett München und in der Deutschen Nationalbibliothek archiviert.

DIE REDUKTION DER
PFIRSICH
SAUCEN
IM KÖST
LICHEN
EREIGNIS
HORIZONT

OHNE KUVERTÜRE, DIE DU FÜR MICH BIST

„SELBST TRIVIALE EINFÄLLE ERHALTEN DURCH RHYTHMUS UND REIM EINEN ANSTRICH VON BEDEUTSAMKEIT, FIGURIEREN IN DIESEM SCHMUCK, WIE UNTER DEN MÄDCHEN ALLTAGSGESICHTER DURCH DEN PUTZ DIE AUGEN FESSELN. JA, SELBST SCHIEFE UND FALSCHE GEDANKEN GEWINNEN DURCH DIE VERSIFIKATION EINEN SCHEIN VON WAHRHEIT."

→ ARTHUR SCHOPENHAUER

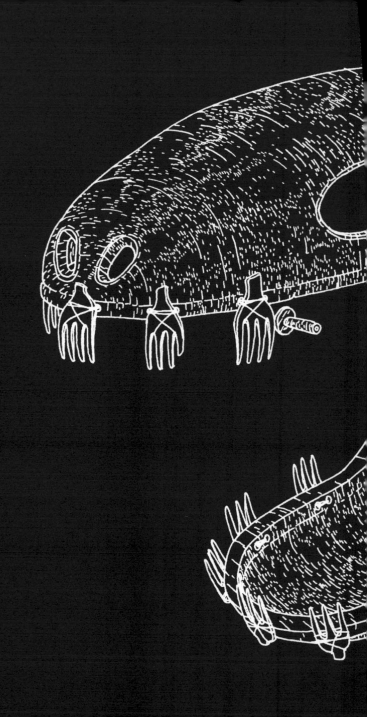

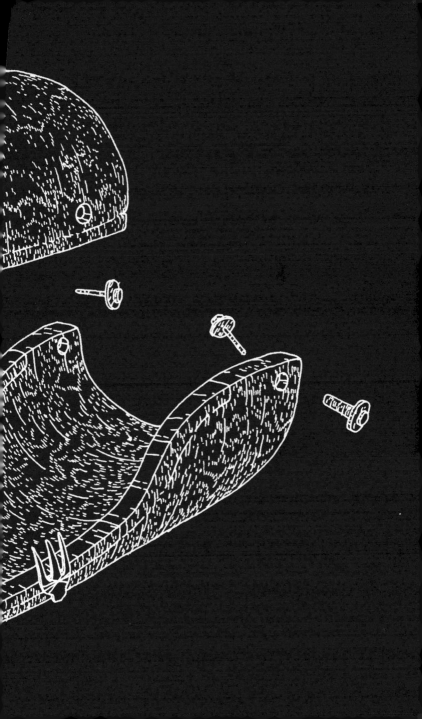

So wenig wie es eine Pfeife war,
ist auch Kunst nur die
Krustade in den Köpfen.
So wenig wie es Propaganda ist
für ein schlankes Hosenbein,
ist auch kein Reim, nicht mal Gehörn, nur
Horizont — ein wenig zur Seite gerückt.

Da sind Zweifel, kein Über-,
kein Untergang, nur der
Klang der Stimme am
Herzkatheter dieser Sprache.
Karkassen, links und rechts
Phänomene : präparierte, negierte
ein Dobermann hat sie verschluckt.

Das ist keine Flöte, das ist das
Foto einer Tasse, ein
breitbeiniges Chamäleon, ein
getarntes Wort von Welt
: *performing identity*
eine Flöte, die sich
als Tasse gefällt.

RHYTHMUS UND KARTE

„La-la-la-la, aufwärts, la-la-la, abwärts. Unser
Musiklehrer saß am Flügel und spielte Tonleitern. Und
wir sangen nach. La-la-la-la, aufwärts, la-la-laa,
abwärts. Immer mit einem Ton höher als Grundton: la-la-
la-la, aufwärts, la-la-laa, abwärts.“ → CAROLIN EMCKE

Da wir versatil zusammensitzen, darf
ich rasch berichten, was
ich mir schon lange wünsche auf
die Erdkruste zu kritzeln.

Ich habe auf einer Karte eingetragen, wo
die Nebelbänke liegen, wie
ich lebe ohne Bilder und Begriffe

was ich meine mit diesen Sachen
: Identität und Umlaufbahn, und
wie Selbstverständlichkeiten im
Rhythmus des Entrüstens wippen.

ZUSTAND DER AVANTGARDE

Ich möchte dir deine Tomaten karamellisieren
Kristall am Pfannenrand begehren
Und auch am Klang des Glockenwerks
Erkennen können
: Ein Lebkuchen, das möcht ich sein!
Mit fortbepflanzten Teilen meines
Zweifach zweifelhaften Dings da unten
Gleich neben meinem Paradies.

Körperlich vor der Kultur
Singen meine Mechan-
Ismen Lieder Utopien.
Es ist nicht meine Entscheidung
: Schlechtes Videomaterial am Abend und
Zur Käuzchenstunde ertappe ich mich
Bei zitternden Knien und Ellenbogen
Während des Trambahnfahrens durch die Stadt.

Ein Lebkuchen, das möcht ich sein!
Ein Ursprung in mir, ein erster.
Es bleibt der Blick auf diesen
Intendierten Fuß gehüllt in
Popkultur, und auf Beine eines
Gnostischen Apparats
: Beseeltes Licht, das wir doch sind
Während des Trambahnfahrens durch die Stadt.

FRIEDRICHSTADTPALAST

Die Show geht so
: Cis-Männer, gleichalt, und ihre Gattinnen,
starren auf sich bewegende
gemaiste Perlhühner, gleichjung.

Der Erfolg kommt so
: Einmal keine Rippchen wie zu Hause im
isolierten Eigenheim, heute
Hot Pot und glutenfreie Fusion.

Die Revue glättet Gesichter und Geschlechter,
The Wyld, man schreibt Ypsilon statt i;
wird aber nicht erkannt vom
stark erhitzten Publikum.

Der Effekt ist der
: Es wird nach rechts gekämmt,
die gefärbten Strähnchen und die Birnenmaße wippen
zum nussigen Eurobeat; dazu zuckende Kunst-
lederschuhe.

EXISTENZPHILOSOPHISCHE BETRACHTUNG
MEINES LYRISCHEN ICHS

Hohe Hohepriesterin in-
mitten mechanischer Schweine mit
Propellern dran.
Seht mich Sehnsüchte, *so deep so deep*
meine Dienlichkeit setzt Dinglichkeit voraus
das Gestell im Zuneigungsreigen
zwischen dir & mir & *me and* euch.
Das Gebell, das Sehnen
werkeln an dem Ding da unten bis es
dir die Lackpumps ruiniert.
Und immer schlage Schlagzeug
ich & will als Werkzeug
ich & Zeug & Ich
darf es nicht verwandeln wir
das Klima meiner Sprache.
Prügelstrafe für phänomenale
Abgeordnete auf diesem kalten Himmelskörper.
In Schreiben steckt Schreien, sagt
das Ding da oben bis es luftig
baumelt vor den Brüchen, dem
Breaking schlechterdings.
Es taucht nach Benzodiazepin, oder pan-
sophisches Narkotikum des Disputs:
      „Es ist doch so.“
      „Ist es nicht.“
      „Nein, so.“
Dieses Ich & zweifeln
dieses Zweifeln & ich.

ZUM RIESENPROBLEM

Jedes Gedicht ist Parmesan
Umami-Streu in den Augen eines Riesen.
Das Problem wie eine grüne
Olive im Getriebe dieses
Schreibtischdurcheinanders.
Jedes Gedicht ist Marzipan
blanchierter Boden für den poetologischen Armageddon
: nächtliche Nachwehen der Nephilims.

Ich habe den Dichtern ihr Ich geklaut
jetzt sind sie ideenlos.
Dafür den Dächern ein Lächeln geschenkt
vom Ding zurück zum Wort gespuckt.
Distaler Teil der Ehrlichkeit
du bist ein Wasserbett voll Ozean
der nicht hinauslaufen will, weil
da, schau hin, an dem
königlichen Punkt deiner Ferse
regt sich Form und
immer heftig gläubig
hängt am Hand-
tuchhaken das
Diktum der Entwicklung.

ESPUMA AN FOLGENSCHWEREN SÄTZEN I

FÜR ALFRED LICHTENSTEIN

Bei dir fluchen die Hunde
Sätze wie sanfte Stiefel
Die sich aneinander schmiegen
Die das Pferdchen tragen müsste
Wenn es mit dem Jüngling spielt

Bei dir verrücken die Dichter
Reim gekreuzte Libellen
Die sich an Gräserallergenen reiben
Am Fenster winkt ein Himmel ohne Schminke
Wie ein Horrorclown im Ruhestand

Gut geträumt mein dicker Junge
Geflucht geglotzt und schräg herabgebückt
Um deine Knöchel abzuschlagen
Mit einer dünnen Mädchenhand

ESPUMA AN FOLGENSCHWEREN SÄTZEN II

Ein Döner schimmelt in der Ecke
Ein Klavier erscheint am Horizont
Die Küche küsst ein Zirkuszelt
Ein Christ vergiftet uns die Lachse

Ein Flughund fleht um Leidenschaft
Ein Cocktail zündet am Palast
Die Ente gart vor dem Kamin
Ein Trumpf ist noch kein Himmelsschiff

Rezepte sichern uns Gemüt
Im Kuckucksnest der Achsenzeit
Ein Albatros spritzt übers Kissen
Kurz vorm Entzücken
Keine Welt nur Meisterschaft

ESPUMA AN FOLGENSCHWEREN SÄTZEN III

Beim panromantischen Abendessen erstickt ein tibetischer Mönch an einer Gräte
Der Wechsel Wahrheitswerte führt zu rückläufigen Bewegungen normalverteilter
¬ Lebensläufe
Zehn Quadratkilometer Zuckerwatte und Mandel-Eclairs lösen keine Probleme
Die rabattierten Poeme verhalten sich mal wieder wie Stechmücken
Fortschritt bleibt Frosch
Du aber du bist eine verspielte Quaste an der Gardinenkordel
Ein gut geträumtes Stück Pangasius an Kastanienstreifen
Deine Körperflüssigkeiten Chardonnay auf Eis

Im *Restroom* nestelt ein Gräzist an seiner Krawatte
Es ist möglich dass er sein Gastrovegetalin vermisst

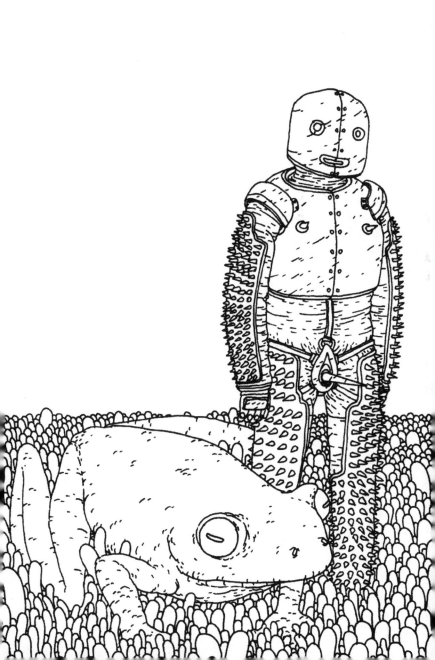

NICHT

I. DIE NEGATION VON NICHT

Das ist

                das Rauschen

                das Rauschen der _____ (Luft?).

Das ist

                das Haus, dessen Wörter Nicht

kein Stechmückengedicht

zerfleischt am Boden der Natur-

philosophen.

Vätergeschlechter waren immer

                rostiger als der

Zikadenklang der Brüder ohne

                Orte, ohne _____ (Lifestyle?).

Die Gnosis der Jugendmoden

                zerfleischt am Boden

                zerfleischt am Boden.

Unter Schuhsohlen leben die Ver-

walter der Neurosen

kein Sein keine Zeit kein Wesen

nur Daumen hoch im Nicht, und auf

Vehikel warten mit zarten

Tageskarten für Tierparks und Botanische

Fragen blieben

unbeantwortet im Beamerlicht der

Präsentationen.

II. DIE NAVIGATION VON NICHT

Das ist

        das Rauchen

        das Rauchen langer _____ (Zigarren?).

Das ist

        der Zikaden Lust steigernde

Substanz, der Tanz der

Panatelaform; ein Ofen

angefüllt mit Festtagsbraten, Hosen-

boden, Rosenbouquet und

        einmal richtig fette Dinger drehen.

Wovor die Wörter und die Väter

immer warnten

Leben, nicht

        um Erlaubnis fragen

        um Erlaubnis fragen.

Das Votum stand gebannt

vorm Tiefbauamt der Brüder ohne

Orte, ein Wo befand sich

nicht gerade in der _____ (Luft?).

Ein Kranz als Ideologie des Wortes

Nicht.

Leben, nicht

        um Erlaubnis fragen

        um Erlaubnis fragen.

DAS BECKEN

Attack

Zwei kirschrote Kreise
links und rechts seiner Lippen.
Er lachte sein Surikatenlachen und
bestellte einen Ingwertee.
Wohin fließt das Zeug?
dachte ich.

Delay

An einem Pfingstmontag
wurde ihm ein Bolzenschloss vor die Lippen geklemmt.
Es verhindert meine Fragen
und seine argwöhnischen Antworten.
War es die linke oder die rechte Hand Gottes?
fragte ich.

Sustain

Er fragte mich,
schob eine Augenbraue, die rechte,
also meine linke, nach oben,
was das Wort Surikate bedeute.
Wann küsst du mich?
dachte ich.

Release

Am Ausklingvorgang seines Beckens,
mit strapazierter Hüllkurve im ADSR-Ideal,
hörte ich, der Scientist, im Probenzimmer
ein raumfüllendes Glucksen.
Wie klingt ein menschliches Gehirn?
erwachte ich.

ZIRKULÄRE FORM UND SO

Wir sind die Mittelgeneration
wir tun die mütterlichen Dinge.
    ADAM SAGT, wir sind nicht in den
      Achtzigern und Neunzigern geboren.
Den Vätern haben wir längst abgeschworen.

Wir waschen Wäsche wie wilde Schwäne
während sich unsre Start-Ups amortisieren.
Wir kochen Eintöpfe für Nachbarskinder
Senioren nach dem Arbeitstag.

Wir synchronisieren Projekte wie
Rennställe in Hoppegarten
wir sind dazwischen

wir zappeln auch in Technoclubs
genießen Spaziergänge am See.
Ob uns auch alle sehen können

während unsrer Pferderennen durch die Biografie?
Wir stehen antithetisch, non-binär, gegen Bodenhaltung
Wörter, Väter sind das Pulver vergifteter Männer
ihr Pochen aufs Geschlecht, das sie doch ausgeklammert haben.

Wir sind nicht mehr festgelegt
würden Designerdrogen
in Garagen kochen
müssen aber schwimmen
ohne Rettungsringe der Kultur.

GEORG, ODER:
DIE BEGEGNUNG MIT DEM HEILIGEN

„Rezept für Salatsoße: 3 Teile Öl, ein teil Essig, viel
Knoblauch und 1 Eß-
löffel Honig" → ALLEN GINSBERG

Ich wollte immer nur so _____ (kochen, backen?)
wie es Dressierbeutel bewahren.
Ich sollte immer nur das bekommen
was Überlieferungen vorgesehen haben
: Weltunverträglichkeiten.

Vor der Fassade der _____ (Konditorei?)
ein Transparent an die Häuserwand gelehnt.
Darauf stand in Rot geschrieben
: Ein Feinkostladen ist nicht deine Welt.

Hätte nicht der Patron aus Bronze
auf dem Kaffeetisch gestanden
hätte ich mich niemals fortbewegt
— bei glutenfreiem Bier und Fisch —
wäre Georg nie begegnet.

Erst beim Tanzen in der _____ (Küche?)
war dem Dressieren minutenweise zu entgehen.
Vorm Rhythmus nicht zu ducken
fertigwerden mit diesem Ding von Leben.

VER-

stockt

Kannst du nicht ein Mal
Mit diesem Fritzstock
Vor meinem Gesicht
Hör doch auf
Zu bellen. Weißt du wie
Ich am Leben so ver-
Stockt wurde?

So sehr will ich dich
Auf meine Zunge
Legen lutschen
Langatmige Praline
: Krokant. Verstehst du
Ich bin radikal vom
Weiterleben bedroht.

legen

Hinten ist nur Ausgang
Schreit das Schild im Bus
Ich will es
Als Eingang
Wissen. Ver-
Logen gebe ich mich Phantomschmerz hin
Der am Morgen via Spam mein
Himmelreich massiert.
Beim Anblick dieser Mythen
Verstehe ich was mich
Am Zerrbild der Kultur so ver-
Legen macht
An einem LKW ganz sacht
„Ihr sympathischer Küchengigant".

loren

Kannst du nicht sofort
Aufhören mich mit diesen
Kurznachrichten zu quälen
Die mit Nadeln meine
Nähe zu dir durch-
Bohren. Die nur einmal mehr
Amphibolische Prothesen zeigen.

Du und dein Zuviel-in-Welt ver-
Loren bin ich beim Anblick deiner Fahrten nach
Rostock und in diese andre Welt
Die dich so liebt und die dich an ein
Halsband legt : du und ich und Doppelleben.
Was stelle ich daneben? Gefangenschaft in
Meiner Küche an einem Pflock aus Marzipan.

gangen

Normalerweise heißt es
Schließen Wunden in der Zeit.
So könnte sich das alles ab-
Lösen vom Verloren- und
Gemachtsein diesem Existenzgehorsam
Den ich aufbringen muss damit wir das ver-
Gangen

Nennen können.
Denkst du nicht auch es ist soweit
Der Zenit erreicht
Um Normalerweise loszulassen
Stattdessen Jetzt zu sein zu trocknen
Nicht bloß Späne sein im
Augenwinkel eines kleinen Hundes.

RESIGNATIVE IMPERATIVE

Wiederhole
deine Unzulänglichkeit!

Meld dich ab beim Arbeitsmarkt und
trage Bademäntel aus Viskose.
Darunter bloß ein Negligee aus
leichtentflammbarem Asbest.

Vergewissere
dich deiner Durchschnittlichkeit!

Stell dir ein Bein und dich selbst
dem epischen Geschick entgegen.
Halte zwei Plastikflaschen gefüllt mit
Schnaps und Grande Cuvée bereit.

Verpasse
jede Gelegenheit, was Großes
zu erschaffen!

Ergib dich deiner Wut und leb
den Rest wie pures Ende.
Trotz störender Faktizitäten bau
Naziflugscheiben in Schrebergärten.

Handele
so, dass dein Handeln niemals
Gesetz werden wird!

Mach Abschlüsse an Universitäten und
sorg für temperierte Chöre und Klavier.
Deine Wahl ist doch Protest am
Lügendetektortest des Lebens.

FRAGMENTE FRAGMENTE FRAGMENTE

Ich bin in der Luft
& meine Lust zerteilt
jede Philosophie jede Höhensonne.
Hier ist reine Theorie
nicht diese urwüchsigen Konzepte der Praktikanten
die vom Schnurrbart trimmen träumen.
Was stört ihr mich
& meine Zirkularien?
Ich will euch einmal nicht
unentwegt ins Ganze gegossen
sehen ohne Kenntnis dieses Wortes
: Fragmente Fragmente Fragmente.

LÜGEN

Wirf ein Gedicht ins Meer
Wirf Sauerkirschen hinterher
Statt durch Strandbars
Mit den Seelöwengangbangs
Streifst du unbefriedigt durch die Nacht.

Wie nützt mir das Papier?
Was hilft mir Reim und Schot und Gischt?
Was schreib ich bloß auf dieses Holz?
Ein Buchsbaumhosenstrauch
Mit delikaten Schwanzspitzenblüten.

PARABOL

Ich probier jetzt mal was

                            was?

Experimentelles
übers Gewordensein.
Denn (drüben, rechts)

                            wenn's wieder losgeht mit dem
                            Schwarzmarkthandel, dem Suchen nach
                            der richtigen Caniden-

sprache an 42 Zähnen,
wird der kleine
Krebs in mir bloß müde.

Die Unterstellung dieser Schwellung
im hinteren Rachenraum
— das Abbild des Blauen Planeten an der Zungenspitze festgeklebt —
nachdem ich das achte Stückchen
Baumkuchen auch noch aß.
Ich frage mich,
warum freimauerst du immer so und denke

                            Ändere das!
                            Du Pfirsich in meiner Hand. Du,

liebstes Körperteil, bist
auf meinen Rücken tätowiert.

                            Hast du es?

Wie sehr ich friere ohne Kuvertüre
die du für mich bist,

verstohlen existiere ich neben   euch,
krabbele auf allen Vieren
mit der Schwärmerei.

Das rote Marzipanherz vom Rummelplatz ist aus
mehr gemacht als Rein

          und Raus analoger Sachen,
          die wir machen,
          Verständigungen unsrer Körper.

Hier bin ich Lust, doch

          dort nur kulantes Angebots-
          wesen, das ich empfange wie

Prinzessin Wagehals, die du nie
in mir vermutet hast.

So verfreiwinkelt sich das Granulat der
Grönlandspalte, die

          unsre Alltagsarktis zerriss.

Dein Biss erzeugt das
Crushed Ice für die vielen *Drinks* am Tag

          und in der Nacht, das uns

Lebensmittel ist.

Die Idole, der Sturm, der Ursprung aller Fehler am
Norm-

          system zerbrochen.

Dein PARAbol ist bloß ein
Hohlspiegelschimmer in meiner Iris.

STATT KÖRPEREIGENER SUBSTANZEN

„ES GIBT KEINEN SURREALISMUS, KEINE MAGIE. EINEN AUGENBLICK LANG, IN DEM MOMENT, IN DEM RICHARDS SCHWANZ IN MICH EINDRANG UND ALEX MIR SEINEN BIS IN DEN HALS SCHOB, IN DIESEM AUGENBLICK DACHTE ICH WIRKLICH, ES WÄREN ZWEI MÄNNER. NUR EINEN AUGENBLICK LANG. UND DANN WAR ER VORBEI UND ES WAR WIEDER NUR EIN MÄDCHEN MIT EINEM PLASTIKPENIS."

→ JOEY COMEAU

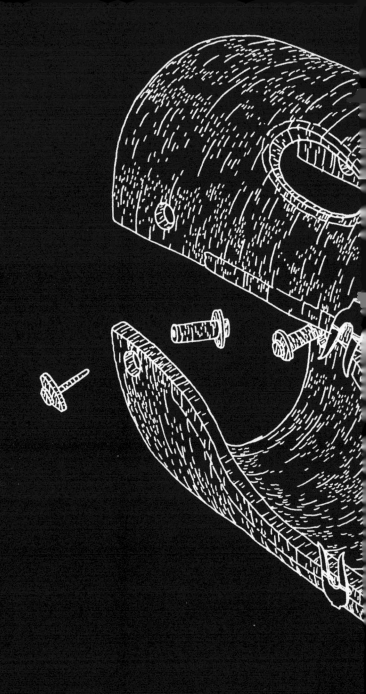

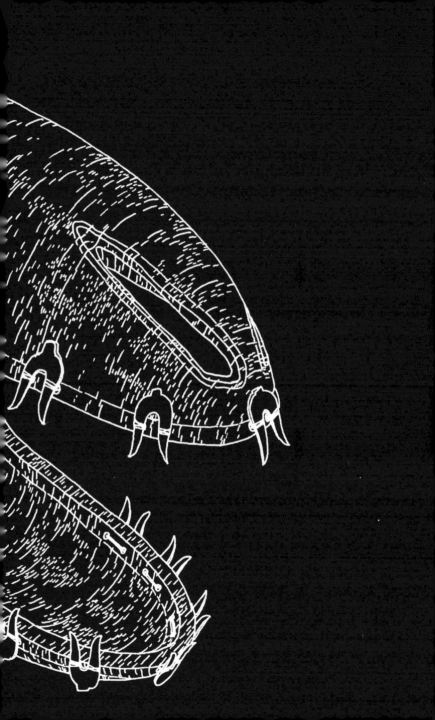

Hast du es gesehen
wie mein Bewusstsein
entflammte im Brenn-
spiritus zäh fließend auf
deinem kühnen Mund?
Wie ich lichtern brannte
als das Requisit in
mir inkarnierte?
Mein Kopf in der Klemme
deiner Äste und am Hades
deiner Spur während sich
der Marinadenzucker sammelt
in den Biegungen deiner Knie.
In dem Moment
bebt die Erde als Gewissheit
pflanzt Thymian in
meine See.

Am Ende meiner Suche
trugst du zierliche Stiefel
eine Karaffe voll Cassis und Sekt.
Während ich im Zwischenschlaf
unserer Übergänge — der Welt als Wir —
im blauweiß gestreiften Unterhemd
für alle Zeit mein Intimum gab.
Um zu beweisen, dass mein Ich
schon vor dieser Rückgewinnung
ein Teil des Du gewesen, ein
Auge, das mich trotzköpfig treibt
es zu erkennen.

KORIANDER

Zuerst sollte es überhaupt ein Leben sein
dann ein kleines, dann eins mit Anspruch
das asebisch wird, nicht salzig, nicht fein.
Heute weiß ich, es wurde was vergessen, die
Kadenz der fabelhaften Zwei-Seiten-
Nacht, keine Reste im Mundwinkel des Geliebten
ein Lächeln ans Meer gebracht.

Noch Tage nach unserer Begegnung
riechen meine Finger nach Koriander.

SCHREIBPROZESSFORSCHUNG

Deine Sätze machen mich
beweglich, geil wie
der Quellcode deiner sms.
Deine Sätze machen meine
Einsamkeit behaglich, innig wie
die Punkte und Striche
über diesem Beistellbett
das ich besetzte. Ich zerreibe
das Bild von dir am Zaun
am Wall, an meiner Borderline.
Ich sage dir, was ich so schätze
am Ausklingvorgang deines Beckens
: Diesen ganz weichen Bovisten
auf meinem Kissen.

SIMULATION DER FREIHEIT

Sich treiben lassen, Strandgut
auf den Schaumkronen der Stadt.
Diese Praline in der Tasche
auf dem Weg, der kein Ziel hat
außer nicht allzu spät eine
Flasche Wodka zu erreichen.

Sich nichts sagen lassen an
diesem einen Abend : Freitag
das Telefon im Anschlag
auf dass Praline
Müßiggang möglicherweise doch
geteilt werden kann.

Die, die sich melden sollen
melden sich nicht
es sind die anderen, die
Unerreichbaren in engen Hosen und
hellem Flaum am Hals
wie zarter Schimmel.

SEXSYMBOLE

Reden wir mal über Sex-
symbole, über diese
Punkte unter der Haut und die
Texte, Linien schwarzer Kohle

gezeichnet, neben Silber und
Gold, neben Baumwolle und
Polyester, beiläufig abgewogen
kiloweise Koriander, den du so willst.

Hineingehen, auch das willst du
dir immer gewiss deiner signifikanten
Qualität; am Nacken nicht nur
Härchen sondern zarte Zeichen   (ich sah sie zu spät).

Du bist so ein Sex-
gott*, ein*e König*in der grünen
Wiesen, ein gleißender Licht-
kuchen; deine Gestalt so jetzt und

uralt zugleich; ein grenzenloser
See voll Stratosphäre
non-binäres Biotop der Freude
Höhepunkt der Gegenwart.

WEIL DEINE WORTE SILBERFISCHCHEN SIND

Dein Name
ist Staub in meinem Netz.
Ich dagegen Wut
ohne dich ist das Internet so stumm.
Jeden Morgen
teilnahmsloses Leben, das
du neben unsrer Wohngemeinschaft führst.
Ein Hasten nach gebranntem
Narrativ : anormale Untertöne.
Die Drehereien deines Sagens
kleine Spiele an den Tropen, die mich jedes Mal
fies und ganz einen Neuanfang kosten.
Auf diese staubige Weise vollende ich
Vergangenheit immer gleich, weil
deine Worte Silberfischchen sind, die
sich, so winzig, durch die Maschen
meines Netzes schieben.

BEIM BETRACHTEN EINES FOTOS VON VIER MITTELALTERLICHEN ALTARFLÜGELN

Die blätternde Patina, ein Übersetzungsstück
im Spiegelschatten entzündeter Augen.
Später sie im Beistellbett der Zusatzüber-
nachtung, das Motiv der Regelmäßigkeit
Emergenz meines angstbefühlten Willens.

Geh doch nicht immer zurück und
abwärts wie die Große Rote
Frau, die du mimst. Der Ölfilm deines
linken Flügels abgeschminkt, ausstaffiert
im Negativ deiner Puppchenhaftigkeit.

Sorg für erhöhte Speichelproduktion, für
die Reduktion der Pfirsichsaucen im
köstlichen Ereignishorizont.
Saug ganz fest daran, so kann
ich diesen reaktionären Rollback der
Existenz ertragen.

BEIM BETRACHTEN EINES FOTOS VON THOMAS MANN

Neunzehn Siebenundvierzig
: Du im Italienischen
Umgeben von rauchenden
Bewunderern, im Hinter-
Grund die eine Frau
: Übersetzerin deiner Kultur.

Achtzehn Fünfundsiebzig
: Du bist im Jahr der
Zauberer geboren, das
Große Tier, bloß ohne
Zahl, du lebst die Zahl
Nicht das Tier.

Neunzehnhundert Eins
: Deine Sorge, man würde
Dich bloß lesen als kleinen
Deutschen Mann mit Hut
Das war die eine Rezeption
: Überbringerin deiner Struktur.

Neunzehnhundert Dreißig
: Du erklärst den Cipola, dass
Damals wie auch heute das
Denken sich nicht weitet, dass
Innerhalb des Spektrums die
Zungen flacher werden.

AN DAS FEHLENDE LITERARISCHE DU IN DER WELT

Im Gestrüpp dessen, was sie
Erwachsen nennen — bespickt
mit windigen Metaphern — sind sie
auf Schichten ohne Möglichkeit floriert.
In diesem systematisierten Schweigen blieb
nur eine Wirklichkeit zurück.

Das erste Du im Kragenhemd,
ein Klassenoberstufenlehrer, der
trotz Schmuck der bürgerlichen Burgenbau-
methode offenbar alles kann,
die Knabenliebe denkt,
nicht auszuleben zu versteht.

Daneben gleich im exaltierten Reigen, dein
Pathos deutscher Lebenskunst.
Angstfrei ist das neue Du,
hebt pejorative Jungs mit
ihrer Lust auf abschätzige Gemein-
wohlplätze.

Die Reflexe literarischer Vor- und Zurück-
bewegung zeigen den Zustand des
Zustandebringens : Identität bleibt als
verkohlter Besenstiel zurück.
Du sammelst die anthropogenen Sedimente, Tränen
am Boden eines Plastiksacks.

AN DAS FEHLENDE KIND IN DER WELT

Ich war zwölf, mein Vater vierzig. Vorgezeichnet
Der Bergpfad ohne Sicherheitsleinen
Das Kopfweh meiner Möglichkeiten war mir Verführung genug.

Ich war sechsundzwanzig und die Pfote eines kleinen Kerls (ich meine Hund)
Zwischen die Rillen einer Fahrtreppe geraten.
Zwischen den Rillen einer Fahrtreppe konservierte sich ein Schrei.

Ich war einunddreißig und ein prävalierter Weg zurückgelegt.
Ein veritabler Abweg vom Hochweg
Ein Unweg entlang Scheinwerfern auf blinde Flecken.

Ich war neununddreißig und ein großes Nein in mir, weil
Denen, die ich liebte, Schicksalsschläge widerfuhren
Die Schakale hatten Krisen, wirklich große.

Mit vierzig war kein Kind in dieser Welt.
Nur die Bewegungsillusion am parabelhaften Ausgangsrund
Das Kopfweh meiner Möglichkeiten war mir Verführung genug.

WENN ES MIR NICHT VERBOTEN WÄRE

Wenn es mir nicht verboten wäre,
würde ich, wie ich es kann, mich zwei
Mal am Tag ruinieren, nur um
noch ein Mal mehr neu anzufangen.

Wenn es mir nicht verboten wäre,
würde ich ein Grundstück kaufen und
darauf schon bis zum Winter dir ein
schönes Haus errichten nur für dich.

Wenn es mir nicht verboten wäre,
würde ich, wie ich es sollte, drei
Mal am Tag onanieren, nur um
Distanz mit Lust zu überbrücken.

Wenn es mir nicht verboten wäre,
würde ich ein Auto stehlen und
schon am Dienstag bei dir sein, um von
Mittwoch bis Freitag dich zu lieben.

Wenn es mir nicht verboten wäre,
würde ich mich schon morgens früh am
Tag gleich nach dem Kaffee betrinken
und essen würde ich gar nichts mehr.

Wenn es mir nicht verboten wäre,
würde ein Stern auch deinen Namen tragen,
doch das geht nicht, weil diese Zeile
viel zu viele Silben okkupiert.

Wenn es mir nicht verboten wäre,
würde ich auf dich warten während
du erst redest, dann tanzt, später fickst
mit den Seelöwen in deiner Stadt.

Wenn es mir nicht verboten wäre,
würde ich dich an eine Kette
legen, anbinden an einen Pflock
aus Marzipan in meiner Küche.

Wenn es mir nicht verboten wäre,
würde ich dir diese Verse wid-
men: neun Strophen für dein Lebenswerk,
neun Silben für meine Traurigkeit.

SOUNDTRACK MEINER VERTRACKTEN GEGENWÄRTIGKEIT

Gedacht habe ich zu oft
: Fürs Werden bin ich viel zu schlapp.
Nicht athletisch wie mein Großer Vater
Fürs Trainingslager war ich nicht gemacht.
Gesagt habe ich zu oft
: Fürs Werden hab ich keine Zeit.

Dieser Gedanke ist so
Flüchtig und ergiebig wie
Die dünne Socke, die — ganz gleich in welchem Schuh —
Immer über deiner runden Ferse ab-
Zippt, weil deine Haut dort so
Besonders wippt.

Sanft ist dein Salbei, er heilt mich
Und meinen Ausbruch ins Daneben
Wo keine blauen Enten
Leben, ich will
Kirschen, Rasensamen
Nicht am Widerstand ersticken.

DEIN STEINCHEN

Auf dem somnambulen Sommermarkt
Montmartre hast du einen
Ring an deinen Finger gesteckt.
Von nun an solltest du an mehr als
einem Menschen Gefallen finden.

Doch als dein Herzrasen in der stickigen
Einraumwohnung zum Versagen aller
Appelle und Selbstkundgaben führte
du ganz zappelig wurdest
misanthroper Falter

da sprang dein Steinchen aus dem Ring
und die Sorge war groß.
Längst nach D zurückgekehrt
tauchte es wieder auf : dein Steinchen
gefiel sich ohne Ring ganz gut.

DER SCHUH

Der Schuh des
Widerstands,
angezogen,
Nächte durchtanzt.
Du, darin, in dir.

Einer fehlt beim Maskenspiel — deine
Beine zeigen mir den Himmel.
Geöffnete Fenster
konservieren dein Entzücken
während du, der Schuh,
am Fuß nicht abgestellt,
dein Wesen fristest und
ich davon vibriere.

SOWEIT?

Hier in Hangzhou
: Ist es soweit, die
Zeit gekommen, in der die
Geschichten alter Männer
ganz verschwommen mir die
Lustträume gaukeln, und
ich jetzt denke, es seien
aufregende Berichte von
Sokrates und Platon, für
Sohn und Bruder gedacht und
keinesfalls erbaulich
für die Illusion
: jünger auszusehen als das
alte Ei des Urhuhns der Legende.
Da hilft auch nicht
das Foto im vergilbten Dokument
mit Hemd und Kragen, als
ich versuchte, die chinesischen
Jungs zu überzeugen, dass
ich ihr Vater sein könnte, sie
aber dachten, ich sei
Spielkamerad fürs Erbsenzählen.

IM NETZGARTEN

Ununterbrochen erinnerst
du mich an
        Paprika,
        Hibiskus,
an Wurzelgewächs mit
gezuckerten Birnenzwiebeln.

Ununterbrochen dominierst
du den Diskurs mit deinen
        Wachstumsmetaphern,
        Rhizomen,
deinen Tropen im
umzäunten Garten.

Du gelbe Knospe, du,
in blauen Stiefeln,
so rührig bist du gewachsen.

VARIABEL

Über den Dächern der Baixa
ein dünner Dackel zwischen
den Geländerstreben, sein
Zischen vor dem Sprechen
eine Traumsprache, variabel.
Es verdichtet sich die Dachterrasse
noch morgendlicher Nebel
die Schlappohren so realistisch
das Ich ganz dicht
an einem Nervenbeben.

Unter Karmelitern
Streit über Pessoas Dichtung
und Englisch läuft daneben.
Well, it concerns
das Folgende
insofern pathologisch, mein
Holzklotzköpfigsein
der Welt ein Welterklärer
während dieses Rollenspiels
vorm Rathaus Aliados.

Schließlich in der Kathedrale
eine echte Katastrophe, das Bild
des Leidensweges Christi
Cis-Männer rund um die Tafel
sie essen einen dünnen Hund!
Mein eigner Leidensweg
mit Bohnen um halb zwölf und
Schmerzen in den Gliedern.
Komm, *bitch,* wir verbringen unser Leben
und hassen, was uns nährt.

Wir bestellen zwölftausend Kalorien
pro Essen, versteckte Würste, Bratenscheiben
Ei und viermal Käse, dazu Portweinmayonnaise.
Eklektizistisch und gesprächig ist
das Diktat des kulinarischen Gebots.
Es durchdeutscht sich hier
die Sprache, das Bier
Kuchen und Kartoffeln und ein
Kerzenfunkeln im
Haus des Nymphensittichgottes.

So treten wir auf Türen
it's amazing, die Fallstricke des Tages
das Papa-Mama-Kind-Syndrom
wirkt in uns trotz veritabler
Abstürze im Nirgendwo.
So treten wir die blonden Jungs
gekleidet wie die Mädchen
ihr Blick verträumt am
Nachbartisch, braun-
gebrannt und variabel.

Smells like piss and tourists
wir leben, was wir hassen.
Im *queer district* in Porto
die Schraffur des Backsteinstrichs
mein Ich dir Stütze am Toilettenrand.
Der Anblick, dann doch
tragisch, wie hast du dich nur fort-
gelebt, so völlig ohne Sonne
wo ist das Kindgesicht der Tage?
wer schüttelt dir die Felle?

Dem Englisch fehlt die Luft
wieder drückt sich Deutsch dazwischen
Düsseldorf, Mühlheim, Bielefeld
bis sich Arabisch vaporisiert
verhaltene Vertrautheit, variabel.
The fucking Germans with their
doch, doch, doch!
Im WC nur bei Bewegung Licht
der Atlantik voll Poseidons Spucke
Sperma.

Jede Welle ist Befreiung von
der Urbanität des Widersinns
die — ganz gleich in welcher
Kacheloptik — hellblau und
weiß die Tränen macht.
Statt körpereigener Substanzen
ein Streit über Musik
White Port Extra Dry daneben
vorgeschoben U2 oder Jack White
unsre Blindheit, variabel.

XIV Tage Kanonenkugeln,
kleines Italien oder halbes oder unechtes
       : Freightliner, Peterbilt, Kenworth,
drei Gründe für den Untergang ägyptischer Hochkultur.

Ordentlicher Bauchansatz,
Trainingsanlass für besonders holistische Stadtviertel
       : Williamsburg, Soho, Smíchov,
drei Gründe für die Vernichtung meiner Provinzaffengene.

Architekturfaschistoide Indianerinsel,
glutenfreies Bier aus Barcelona
       : Satmar Chassidismus, Scientology, Watch Tower,
drei — One World Trade Center —, vier Gründe für einen unsicheren Abendatemzug.

Und doch
       : Gekappte Stirnfrisur,
       Elitebonobos mit Anker-Tätowierungen.
       Aaaaa!
       die optimale Gesellschaft.

Endlich sonntags
nach dem Großen Schlachten
nach Drohungen des Suizids
zartes Zueinanderfinden.

Endlich wieder Mischverhältnis
Sekt und Cassis
ein überfälliger, gewiss fragiler
Waffenstillstandspakt.

Ein Ja zu allen Sachverhalten
ein Trauen über Wege
weiche Worte, die erreichen
wie ein warmes Walfischnest

in Wolgast, wo wir Ruhe finden.
Endlich Ruhe finden.
Kein Ausfließen mehr von
Sperma, Blut und Limonade.

TIERHEIM WELT TATTOO-LADEN

„Alle Tage misshandelt mich die Materie."

→ FERNANDO PESSOA

Was hinter Brillengläsern so
verächtlich nach mir lacht
ist eine Tiefseegrabenimpression.
Daher der Wunsch nach Oberfläche
mich maritim nach unten strecken.

Ich wünsch mir einen Flughund
einmal zu Boden gefallen
kommt er nicht mehr hoch.
Was die Materie vermittelt
ist ein Unterwassersegelboot.

Also trage ich die Sünden
allen sichtbar auf der Haut.
Niemals wieder Tiefenschärfe
die Dinge haben sich erschrocken
sich gegen mich verschworen.

IMMER WENN-GEDICHT

FÜR CARL-CHRISTIAN ELZE

Immer wenn ich mich vorbeibewege
an dieser Brache, auf der DHL
eine gelbe Halle baut, und
mich der Wind dem Akkordeonspieler
vor Lidl näherbringt.
Dann kann ich dich nicht fassen, und
dabei zusehen, wie deine Wörter
meine Mundhöhle verlassen.

Du bringst die Hunde auf die Welt,
die ganz kleinen und die großen und
die flapsigen, die auch.
In deinem Leuchtturm friert die Zeit,
die schlagartig verstummt vor deinem sanften Widerstand.
Du suchst, sagst du, dabei hast du gefunden.

Du führst Religionen an der Leine,
dann Hunde wieder, wilde Fahrten, kluge Schichten,
keine unbedarften Chiffren, die
verschmieren, sich parfümieren mit der Weisheit,
und im Staub und in der Erde paaren.
Du bist dann ohne Innenleben,
dennoch in mir, nicht als Gedanke, nicht als Geschenk,
so fern bist du, aber deine Wörter sind hier.

KLEINE HUNDE SIND AUCH HUNDE

Während einer veritablen Achterbahnfahrt
entlang des Rückenwirbels eines —
kleiner Kerl, hellbraun, Kupferstich, Philanthrop —
vergesse ich mich
und das Nomen „Hund".
Rechts und Links
beim Looping haltloser
wahrnehmbarer Dinge
verliere ich
Universalismus
Gravitation
Anspruch
Sprache
Pro
Nomen.

CHULO

Du bist mein Navigationssystem auf vier Beinen
entlang goldgelber Orientierungsbojen.
Ich sehe deine Spuren
Pfotenabdrücke des Vergebens
damit ich nicht so unabänderlich verkomme.
Du bist ein verständliches Papieretikett auf einer
meiner Weinflaschen, die ich wie Schäfchen
oder wie falsche Literaturstipendien, zähle.
Du zeigst die Gewissheit, die einer Weisheit Luft macht
die ich nicht begreifen kann, mich aber reifen lässt.

DIE GENESIS DES DU

Samstag   Die Erkenntnis heute Morgen
: Es gibt ein Ich, ein ungezogener Bengel mit Nüssen
in den Hosentaschen.

Sonntag   Ich rauche erstmal — Pause —
meine Eitelkeit
auf Lunge.

Montag   Ich will es nicht wahrhaben
: Die Einsamkeit der kleinen Hunde &
ihrer vibrierenden Ruten.

Dienstag   Ohne es bemerkt zu haben,
ist das Ich ein Wollen, ist
Kapernreis an Korianderfisch.

Mittwoch   Sodann das Nähren & Genießen,
eine lüsterne Rune auf meinen Penisschaft geschrieben.
Ist das teilbar?

Donnerstag   Noch vor der Adoleszenz meines
Raupenstadiums erfolgt die Antwort
: Ist es nicht.

Freitag   Das Große Werk, es geht & die Erkenntnis von Tag 1
: Lebe diesen Fixpunkt & du wirst
ein Du zu Wege bringen.

VIELES IST NICHT LEICHT FÜR MICH, ODER: BEKENNTNIS EINES HYPERSENSIBLEN WÄHREND EINER RÜCKFÜHRUNG

Als ich ein Schakal war
fragten mich die Hirsche
ob ich verheiratet wär.
Das war nicht leicht für mich
so sagte ich
: Nur Enten heiraten heute noch.

Als ich bei den Korallen war
fragten die mich, was kann man tun
gegen die Last der Verwurzelung.
Auch das war nicht leicht für mich
so sagte ich
: Ein Spaziergang in der Nacht.

Ich war auch bei einem Bonobo
der kam ohne Fragen gleich zur Sache.
Der wollte mich
: den fragilen Schakal mit Fischgesicht
ich sagte nichts
war richtig schwer.

Bei Füchsen war ich gern gesehen
ich mochte ihre Zungen
ich mochte ihr Fell.
Und ihre Klippensprünge in die Schwere
führten mich ins
Sternbild des Schwans.

DIE BÖSE TYPOGRAFIE

Aufgewühlter Grabbeltisch bei Woolworth
sag bloß, wie konnte das passieren?
Ein Mitarbeiter meines Identitätsproblems
presst den provisorischen Lappen auf graue Pappe
stempelt das Foto eines Sechzehnjährigen.

Ein Tequila trinkendes Untier, der
Stier, auf dem ich reiten würde, wäre
ich nicht so zugenäht und vom
Pharao gequält.
Er wählt die Hieroglyphe der Ägypter.

Also starte ich die erwartete Werbekampagne
meiner Unfähigkeit. Die Innenwelt
gefriert. Du bekommst ja die Medaille
im Freischwimmen und -kraulen, vor allem aber
im Tauchen nach dem gelben Gummiring.

Es sind die Hemmungen der Väter, ihr
Fluch der radioaktiven Familien
Sucht nach Kernschmelze und Vierkantstück.
Es bleibt die böse Typografie, und mir
bloß der Ismus jugendlichen Verstehens.

IM ELEKTRONENSCHAUM

Das Problem besteht nicht
in der Betätigung eines
Halbleiterbauelements
        : Schaltzustand *offen* —
        : Schaltzustand *geschlossen* —
sondern im hemmungslosen Hoffen, dass
das historische Großereignis der Biografie
— die quirlige Verquickung damals mit dir —
wenigstens einmal jährlich

wiederholt werden kann.
Elektra wechselt dann die Kerzen
greift durch Zigarettenqualm während
du dich vergnüglich klammerst an diesen
Schwellenübergang deiner Gedanken.
Ein Wodkasirupcocktail im Glas,
ein Saucenspritzer am Hals und
im Elektronenschaum
beben dir die Tränen Natursteinen gleich.

Hätte ich dies Ding
        : Spielzeug, Gott?
doch niemals kennengelernt, wie
sollte ich es Wiederholen wollen, was
mir die rotumrandeten Augen eines Portugiesischen
Wasserhundes kohlrabenschwarz erklären.
Der mich anstarrt während ich Chianti trink
und im Gehäuse meiner Erscheinungsform
versink, in diesem Ionenfeld meiner Unerheblichkeit.

GEGEN DAS
KENTERN
UND SINKEN

„ICH WOLLTE EINERSEITS DIE WURZEL EINES TYPS PHILOSOPHISCHEN
FRAGENS IN DER AUFKLÄRUNG UNTERSTREICHEN, DER GLEICHZEITIG
DEN BEZUG ZUR GEGENWART, DIE HISTORISCHE SEINSWEISE UND DIE
KONSTITUTION SEINER SELBST ALS AUTONOMES SUBJEKT PROBLEMATISIERT.
ANDERERSEITS WOLLTE ICH DEUTLICH MACHEN, DASS NICHT DIE TREUE
ZU DOKTRINÄREN ELEMENTEN DER FADEN IST, DER UNS MIT DER
AUFKLÄRUNG VERBINDEN KANN, SONDERN DIE STÄNDIGE REAKTIVIERUNG
EINER HALTUNG — DAS HEISST EINES PHILOSOPHISCHEN ETHOS, DAS
ALS PERMANENTE KRITIK UNSERES HISTORISCHEN SEINS BESCHRIEBEN
WERDEN KÖNNTE."

→ MICHEL FOUCAULT

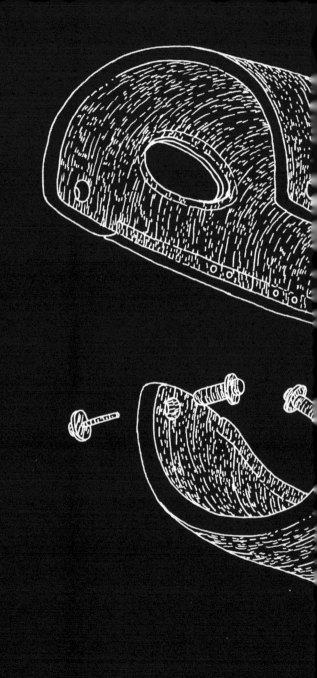

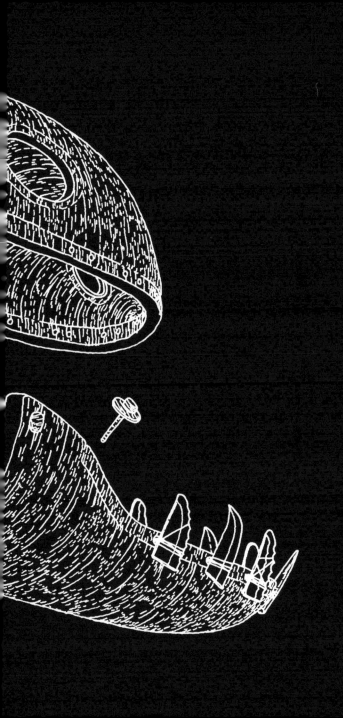

Meine Erinnerung an deinen Namen : Safran
lieblich, in hohen Dosen
die medusische Verwandlung eines Dirigenten
tödlich.   (Der Sinnenwelt entsagt, wird Innenwelt Unterwelt.)

Zurück zu den Akten, den perversen, alten Liedern,
die nur Zank ums Zeusgeschlecht
und deinen Abstieg ins Ghetto
avisieren.   (Den Zeloten abgeschworen, werden bald Protokolle zu Speeren.)

Süße Najade, ich will dir rückwärts folgen
wenn du mir deine Zähne, deine Füße, Knospen,
will selbst der Sprengung deines Tempels trotzen,
zeigst.   (Dein Zurückschauen, der Motor unserer Innenweltprobleme.)

EISZEIT

Europa, deine Haut ist gefrorenes Spaghettieis
Zeit, sich der Gefühle zu widersetzen.
Dem leptosomen Klagen auf gehobenen
Schätzen ist bloß das Anrennen auf territorialen
Nervenbahnen vorausgeeilt
& hat dem blinden Fleck ein Fest gerichtet.
Was wirklich wirklich ist, können wir

                                Analysieren

                                Selektieren

                                Strukturieren

                                Kanonisieren

                                Zementieren

                                Konsumieren

statt zu Kooperieren auf Längen-
wie auf Breitengraden; einen Graben,
den uns das Internet (fast vermessen)
vergessen lässt.

DAS KAKTUSFEIGEN-THEOREM

Ich hatte niemals Marmelade gegessen
& nach meinem Aufenthalt in der Fremdenstadt
hat mir mein Horizont eine Zungenwissenschaft gezeugt.
Ich hatte niemals Likör daraus gemacht
& bin angesichts dieser prachtvollen Kakteen
vollkaskoversichert. Ich lasse es geschehen
wie meine Gastronomie einen warmen Orient
erschafft, ganz zu meiner persönlichen Orientierung.
Ich breche also ab, gleich hier
die Welt ruft mich zurück ins Leben
zum Wäschewaschen, Dackelschrubben
& zum Stimmegeben
gegen Sachsen.

DAS WELTFLEISCH-THEOREM

Gebt den Löwen meine Beine
& lasst mich doch bitte bitte
die kleinen Kieselsteine lecken.

So fahre ich zurück
ins Fleisch meiner Bewegung
ohne unentzifferbare Aporeme.

So keimt Zement in der Materie
grüner Staub der Küchen
& der Stoffe ihrer Wiederkehr.

So tropft mir endlich die Bedeutung von
Bankrott ganz langsam ins Bewusstsein
obwohl ich schon lange illiquid gewesen.

DAS DUNENKÜKEN-THEOREM

Wäre nur noch ein Tag zurück-
geblieben, ich würde
raus in den Park die Hunde füttern
& mit den Enten spielen.
Ich würde säen, Rasensamen, den
hab ich am liebsten. Meine reichen
Reben über dir & deinen Reden auf das
Pflanzsubstrat versprengen.
Ich würde außerdem gebratenen Eierreis
bestellen, viel Chilisauce & Gemüse
natürlich Rindfleisch & auch Shrimps.
Danach Kaffee & schlanke Panatelas rauchen
dazu Rothschild Grande Cuvée.
Dann zu den Jungs ins Schwanennest
ich wäre sanft zu ihnen & sie zu mir
wie Salbeitee.

LOW ANGLE UNTERSICHT

Froschperspektive Nasenring, ein
Stecker in der Lippe und dein
Gewippe mit dem Bein, das
Erdbeben erzeugt.

Du fährst den Seelöwen-Style, den
Stecher im Gepäck, dein Make-
Up maßlos überspannt : es riecht
nach salzigem Parfüm

im Seismogramm der Tram.
Deine Lokalleben-Magnitude, eine
zerrüttete Geophysik
Fluchtpunkt in ein sozial-
darwinistisches Comeback.

VERLEGENHEITSVERS

Dein Knopf im Mund & auf der
Bühne : deine Buhnen ruhen am
Wellengang der Küste. Der
Süden sendet Küsse, Wein, Maschinen-
teile in den Norden & in den
Osten, in das Land mit
seinen hohen Kosten für den
Westen; am besten noch der Import von
Werten der Antisemiten im
verkorksten Lutherjahr.

Dein kleiner blonder Palmenzopf
ist mir ein schiefes Herz auf der Krawatte.
Mein glühendes Hölzchen zündet dir den
Tabak : brenne, falsche Zweisamkeit!

STERBENDES KLISCHEE

Ein Lob auf die Sichtbarkeit
phosphoreszierender Kanapees
auf dem Finger-Food-Buffet
der Unmöglichkeit.

Was bringt dir, alter Bison, Bruderherz,
dein Schimpfen auf die Gegenwart?
Ich sehe : Therapieangebote gegen
das Kentern und Sinken. Das
zumindest teilen wir, sterbendes Klischee.

In der Ferne warten auf uns
frische Jungs, alter Bison, Bruderherz,
die Erleichterung von der Konformität der
Umlaufbahn; Gefährten, die
jugendliche Lieder singen.

Alter Bison, Bruderherz,
ich sehe : Verschwendung inmitten
Kahlrasierter mit Kristallen in den Augen und
deine Wendung zugunsten sippenhafter
Wutgelehrten des Jahrzehnts.

EINEN MENSCHEN DER REVOLTE

Tut mir Leid —
ich bin nicht gerichtet,
ich flattere wie bunte Wäsche
über Häuser-
schluchten, mein Schluchzen
eingelegter Fisch,
Dorade oder Dorsch
in Dattelgemisch
mit Senf aus Dijon,
auf Tellern aus Perlmutt.
Ich gestehe es dir ohne Schuld,
ich kann nicht anders als
absichtslos zu treiben.
So will es das Ziel, so will es die Zeit
und gebiert einen Menschen der Revolte
nicht.

ADAM SAGT
: Die Schufterei im Feld ist
Zorniges Kartoffelnrupfen.
Ein Trumpf des Lebens   der fehlt   zelebriert die
Symbolischen Saucen der Abgewrackten im Igluzelt. Die
Beständigen Kampagnen für ein Land der
Toxischen Frucht und die pulmologischen
Entzugsprogramme Pressearbeit für vorgefahrene Ideen
Machen das Geschehen minotaurisch.

ADAM SAGT
: Die Lungen der Geschichte sind
Metastatisch durch argloses Grimassenschneiden im
Vorgeblichen Wissen ums Betrügen der
Burnoutelite ganz oben.
Die Diagnose dieser Landarbeit braucht das
Getöse der Steine Schluff- und Lehm der Welt.
Unten in der Erde die das Gepolter auszu-
Spucken droht bleiben Liegestühle leer.

ADAM SAGT
: Stell dir vor
Es gäbe bloß die Kleinkarierten mit ihren
Väterlichen Trachtenfesten die
Nachts jetzt wieder um
Synagogen schleichen.
Dann wird es Zeit dass der
Kanadische Schäferhund den
Staatskundeunterricht verweigert.

DIALOG MIT SONNE KAFFEE ASCHE

Nach dem Grillfest
auf dem Balkon,
den Rausch noch in den Gliedern,
wird Geschichte wiederholt.
Anzünden, Wedeln, Bier und
Fleisch, und Fleisch und Bier,
zurück bleibt glimmender Asbest.

> Du machst es dir aber auch schwer,
> mit deinen Übungen am frühen Morgen,
> das französische Frühstück kaum verzehrt.
> Entfache doch noch einmal das Feuer,
> nimm die Kohle und ein Stück
> vom Zuchtlachs aus Polen
> nebenbei bemerkt, ein feiner Fisch,
> zu zart für normative Regimenter.
> Nimm die ungarischen Zündhölzer
> und grill uns ein Filet
> zu dieser vielen Sonne.

Danke, zu viele Feuer habe ich gesehen.   (Für mich nur eine Tasse Kaffee.)
Das erneute Debüt wird furchtbar,
wenn sich die Asche entblößt.
Wir wollten bloß Grillen,
doch geht selbst das nicht mehr.
Stattdessen drängt die räuberische Richtung,
die in die Mitte stößt.

IN DER PFALZ UND IN DER FERNE

„Geht nach Haus, Dichter, geht in die Wälder, fangt
Fische, schlagt Holz und tut eure heroische Tat:
Verschweigt!"   → WOLFGANG BORCHERT

Geschichtsanalyse am Kaffeetisch
mit Onkel Fritz und Tante Heide-
krauttee zum schneebedeckten Donnersberg.
Der Name ist Programm. Ohne
Zwang den schwarzgefleckten Torfhund mit der
Onyxnase tief zu Boden gedrückt.

Mittags Dampfnudeln an Vanillesauce,
ein fettiges Arrangement ohne
Hinterbliebenengesuch Baugenehmigung,
Metaphernbildung Ressentiment.
Das zierliche Anubisgesicht des
Torfhundes : unter Drogen gestellt trägt es
mehr Spuren vom Gestern als das vom Vergessen
geprägte Gewäsch der klebrigen Gespenster.

Unterm Strich mal Direktes benennen,
Bauchfleischsuppe ohne Übertragungsverluste,
verkrustete Altweltsprachen der Dichtung.
Unterm Strich mal Konkretes sagen,
nichts verschweigen und verzerren oder
Wirklichkeit bewusst verbergen.

Das ist die Sprache, die die Welt

versteht und nicht verklärt,

während Riesling in blauen Fässern gärt.

Da kippt das Element von Neuem.

Aus Einfachheit wird dauerhaftes Ja zur

Wiederkehr wachsenden Verdrängens

beispielsweise in der Ferne

: jemand ertrinkt im Mittelmeer.

Tochter Agenors, du schläfst ja!
Längst rollt Donner draußen
Du zahnloses Gespenst aus falschen Worten
In Frankreich, Belgien, Stuttgart lohnt es sich wieder
Auf die Straßen zu gehen   ADAM SAGT, in ungarisch steckt arisch.

Tochter Agenors, du schläfst ja!
Längst brechen die Vulkane draußen
Du und Deine Freiheit, Deine Demokratie   phobie
Rauchst mit Zeus gemeinsam deine Pfeifen
Zeig' mit deinem Finger auf sie.

Tochter Agenors, du schläfst ja!
Längst zerspringen Fenster draußen
Du und deine Christenheit auf Liste 1   und 4
Fünftel einer Landmasse bloß
Zeig' noch einmal mit deinem Finger auf sie.

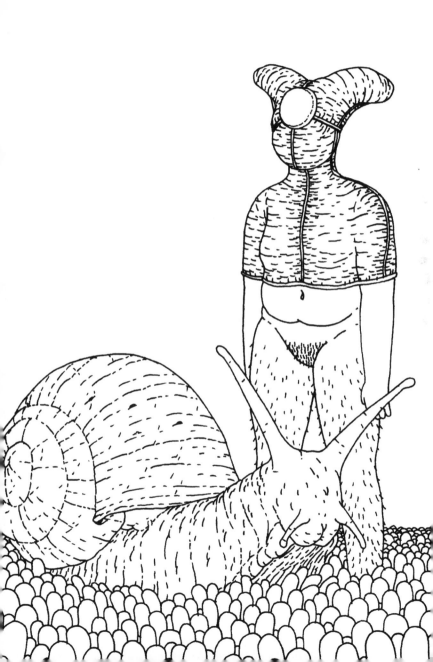

WARSCHAU

Disneyland im Altstadtpark
Die Fassaden desolat.
Ein Schild im Leitsystem deiner
Museen : Mordor, Gondor, Naziland.

Du trägst den Krieg im Namen
wüste Phantasien der Urbanisten.
Friedhof ohne Kippa, stattdessen
Touristen beim Schweinefleischverzehr.

Am Umschlagplatz
nach Treblinka, Buchenwald
hat in direkter Nachbarschaft
Birkenstock eröffnet.

KAISERBÄDER

Ich nehm den Brathering am Stehtisch
die dagegen Aalpüree an Thunfischhüfte
altes Familienrezept
fragwürdiges Konzept am Mittag.

Die Promenade flirrt im Abendlicht
jetzt kühlen Hecht an Süß-
kartoffeln, frittierte Jakobs-
muscheln gegen Dampfgemüse.

Meine Güte, wie lange noch?
Wie lange noch wird es diese
Jäckel geben, die behäbig und
beharrlich Saucen reduzieren?

Als gäbe es nur eine Welt
zum Fressen, zum Tanztee
in den Kaiserbädern, jenen
Rändern einer Gegenwart.

STEINHEIMAT

Die Väter und die
Brüder und die
Großen Männer.
Ein Klang in deinen Ohren
ein Schnarren und ein Schimpfen

Eingebrannt auf Hausrat und Dach-
boden auf Jugendbildern und dem
Schwören auf das Nest
auf Blut
das dir Eigensinn verrät.

Du, ganz Frau
und inmitten dieser Steinheimat und
wie ihr das nennt (wir haben 2015) und
wie ihr das immer noch nennt

: den Mythos der Mütter, der
schimmelt in rostigen Kellerrohren.
Ein Klang in deinen Ohren
unterhalb der verkorksten Westvergangenheit.

IMO 97 53 20 8

Man sorgt für unermüdliche
Bevormundung im Flow- & Spa- & Sportzustand.
Die Fitnesspferdeschwänze
Wippen beim Spinning
Das Raubgold in den Taschen.

Wir werden rundum verwöhnt
Vom Osteuropa unsrer Träume.
Wir sind die großen weißen Tiger
Starren unentwegt auf Nachbarteller &
Lassen uns die Welt servieren.

Wir wollen Trunkenheit in kurzen Hosen
Caipirinhas, Sekt, *All-you-can-eat*-Buffet.
Wir lassen uns kneten & massieren
Wir, die großen weißen Katzen
Resistente Onkoviren.

SPRECHAKT GEGEN ALTWELTAFFEN

Mit Hummerscherenhänden
verteilt sie sorgsam Faltensilikon
in der klaffenden Wunde am Hinterkopf;
eine historische Stelle ist das : ganz rechts,
wo sie unlängst als Ölvogel entwich.

Unerträgliche Sukkulentenzüge,
Generationen Datteln, Myrrhe, Blechschindeln;
sie kämmt ihm die bürgerlichen Bubenlocken,
der Gatte klimpert bloß, dabei Koloss.

Seliger Altweltaffe, wie sehr steht dir Mussolini
zu Gesicht, Gedicht, Ballett, Sonett.
Wir reden über Zeitgenossen! Ich meine
keine im Schwarm zerfasernden Lachse.

NACH FÜNFZEHN JAHREN

Nach fünfzehn Jahren
Ehe waren meine Finger zu klebrig
mich weiter durch
MyDirtyHobby zu navigieren.

Nach fünfzehn Jahren
Ehe waren Fleischgespenster ausgeschieden,
ein Baum gepflanzt, das
Haus, es stand, eingezäunt
von Wut und Erde.

Ich predigte Malzbier und trank
heimlich Bock. Damit schäumen
konnte, was gären sollte.
Ich dachte nur Binärsysteme.

Ein Buch, das hätte ich
gerne noch geschrieben,
aber das geht nicht mehr,
weil mir die Pornonerven
vitale Krebse stehlen.

SCHWERE LAST FÜR VOYAGER

Nichts Besseres ist ihnen
eingefallen als : eine goldene Schall-
platte ins All zu blasen.

Kryptische Zeichen
Rückentätowierungen unseres
Sonnensystems, *Best of* Bach
und die vorausgesetzte Mathe-
matik unseres Planeten.

Nichts Besseres ist ihnen
eingefallen als : eine hoch-
entwickelte Spezies zu phantasieren
während terrestrische Aliens
vegane Walnusskerne wiegen.

Es fehlt das Geschrei der Wale
die kriegerische Geschichte dieser Erde
der Juckreiz am Rotationsboden
der nicht gestillt, gekratzt
nicht aufgehoben werden kann.

DISPERSIONSMEDIUM, INNERE PHASE, ÄUSSERE PHASE

Mein Herauskommen ist eine klanglose Wiederkunft
des Kokons vernebelter Nachrichtendienste
: es zeigt sich bloß als Markierung
meines Körpers, der ohne weiche Worte stimmlos ist.

Mein Herauskommen bestärkt die Welt
des gönnerhaften Aufklärerlächelns, feuchte Träume
: es bestätigt flache Komplementäre im maskulinen
Farbenspektrum, das wegscheucht, still macht.

Mein Herauskommen dient dem Papa-Mama-Kind-Syndrom
der Reproduktion mit Voreinstellungen der Hochbegabung
ADHS-Diagnose, Hose-Rock-Schemata
ländliche Gefühle im Folklorewahn.

Mein Herauskommen nutzt nicht einmal den blauen Enten
an den Argumentationssträngen „der Natur", ihr
fabelhaftes Eintreten in normalverteilte Umlaufbahnen mit
Bergen, Bäumen und Gewässern.

Mein Herauskommen ist ein despektierlicher Outsider
der die Stallungen der Insider finanziert, ein
Panzer gegen Witterung, Schutzmembran gegen obszöne Plopp-
geräusche im Gemisch verkorkster Gegenzeichen.

LÖWENMENSCH, ODER:
EINGEKLEMMT ZWISCHEN STUTTGART UND MÜNCHEN

Weit vor der menschheitsgeschichtlichen
Ausbreitung des anatomisch
modernen Homo Sapiens
haben Personen anderer Art gelebt.
Verborgen in kühlen Höhlenspalten
der Schwäbischen Alp und eingeklemmt
zwischen Stuttgart und München,
ein Alb, der dem Donau-Kreis
den Namen nennt.
In diesem Ursprung, ganz in der Nähe
eines römischen Fleckens, der einst
Stadt werden wollte, wandten sich
jene Personen gegen das ihnen zugeteilte Prädikat
„ältestes Kunstwerk der Menschheit" sein zu müssen.
Es waren Mischwesen der Denkmalpflege,
die Fünfunddreißigtausend Jahre später,
den Fund als dreißig Zentimeter
großen Schamanen deklarierten, dabei nicht
kapierten, was es gewesen : der Löwenmensch.
Der Löwenmensch war keine Figur der Fabel,
kein Schreck der Grabungsleiter, vielmehr ein
Gelehrtenpuzzle
       aus Elfenbeinsplittern,
       Steinzeit,
       Höhle,
       Fingerfertigkeit und
       aus Liebe zwischen Katze und Gewitter,

das den gewohnten Zweibeinern der Zeit
eine dritte Identität zur Seite stellte.
Diese Drittidentität lebte an den Hängen der Hürbe,
der Fluss ihrer Fortbewegung in der Epoche.
Als Gewissen kam sie zu den Menschen, als Traum,
und wurde der Zeit herausgerissen.
Dann dafür gesorgt, dass man nie mehr
an Löwen dachte, an konträre Weisen des Denkens, denn
bis heute kursiert in jenem Flecken
Land zwischen Stuttgart und München
ein hohler Schrecken vor dem Anderssein.

BRIESELANGER LICHTER

Das sind Karbidlampen am Kanal,
Betonwerke gegenüber und
beflügelte Pärchen : Junge-Mädchen,
Junge-Junge, Mädchen-Mädchen-
münder auf moderne Mythen
gedrückt; Geisterjäger aus der Stadt
laufen auf, Familien aus Mordor
— wir nannten es Sachsen —, die
Ampelschaltungen im Wald entdeckten.

Die Reaktion auf Morsezeichen mit dem Licht
im Ried, im Moor, in Teichen. Orange,
Beige, Gelb oder manchmal auch
Rot. Oft an Ostern im
Osten des Waldes, zwei weiße
Birken zwischen Buchen, wo Sowjet-
soldaten Mädchen vergruben; wo
verzweifelte Väter bis heute
vermisste Töchter suchen.

Die Verwechslung einer Erklärung mit dem Grund
im torfigen Denken oder Sprechen auf
Leinwänden regionaler Hexensagen,
um der neugierigen Jugend in ihrem Wachsen
und Gedeihen via Angst
Gehorsam einzuverleiben.
An diesem Schauplatz faktualer UFO-Sichtungen
liegen die Gewichtungen anders als
goldene Schallplatten ins All zu blasen.

Und noch eine Variante für die Bewohner
zwischen Autobahnring und Havelkanal,
im Berliner Urstromtal soll der Gnom
von Falkenhagen seine Opfer
— mit Vorliebe die Jungs aus Strophe 1 —
häuten und ihre menschlichen Reste
zur Zierde in die Buchen flechten.
Und das alles leuchtet dann
als bunte Anomalien.

LIED VON DER ZUKUNFT

„Alle traurigen Menschen mögen Lyrik, fröhliche
Menschen mögen Lieder."

→ VANESSA IVES

Die Gleichungen, die Flaschen, die Fahrten an das Meer
In Zukunft Zigaretten, deine Mutter säuft sich tot
Nichts ist so wie Sushi oder spanisches Parfait
Die Kuvertüren, die Pasteten schmecken bitter und nach Tee.

Die Zahlungen, die Pillen, die Überbrückung meiner Gier
In Zukunft keine Zeichen, dein Bruder ist ein Pfau
Nichts ist so wie Früher oder Nachbarn in der Nacht
Die Pfannen und die Töpfe stehen rostig auf dem Herd.

Der Waschtag und die Welt, die Wünsche deiner Zeit
In Zukunft singen wir ein Unterschichtenlied
Nichts ist wie Pastete auf dem üppigen Büfett
Der hilflose Spagat der Agenten im System.

Das Haus in Brandenburg, die Perlen an der Schnur
In Zukunft keine Zombies, dein Strap-on tut nur etwas weh
Nichts ist so wie Sirup, Limonade oder Bier
Die Brecher und die Wellen in hundert Stimmen bellen.

Der Schnitt im Arm, ein Wink der feinen Leute
In Zukunft glauben wir dem falschen Komitee
Nichts ist wie Krustade an missglücktem Coq au Vin
Die Flure bleiben offen für impotentes Pochen.

KLEINES LEXIKON
DER VERWENDETEN

KULINAR
ISCHEN
BEGRIFFE

BLANCHIEREN

(von französisch *blanchir* = „weiß machen")
ist die Bezeichnung für das Überbrühen von Lebensmitteln mit
siedendem Wasser. Das Blanchieren von Fleisch wird auch
Steifmachen genannt.

DRESSIEREN

bezeichnet ein Verfahren der Speisenzubereitung.
Dazu zählt die Portionierung von Speisen wie Klöße oder Fleisch
und das Informbringen von pastösen Massen wie Sahne oder
Crèmes mit Hilfe eines Dressierbeutels.

ECLAIR

(von französisch *éclair* = „Blitz")
ist ein etwa zehn Zentimeter langes, mit einer Glasur überzogenes
und gefülltes Gebäck aus Brandmasse. Die Füllung kann aus
Erdbeer-, Himbeer-, Schokoladen-, Mandel-, Vanillecrème,
Sahne oder Pudding bestehen.

ESPUMA

(von spanisch *Espuma* = „Schaum")
ist eine Zubereitungsmethode der Molekularküche,
bei der eine flüssige Substanz mittels Stickstoffoxid
aufgeschäumt wird.

KAFFEE

(von türkisch *kahve* = „anregendes Getränk")
ist ein koffeinhaltiges, psychotropes Heißgetränk, das aus
gemahlenen und gerösteten Samen der Kaffeepflanze sowie heißem
Wasser hergestellt wird.

KARAMELLISIEREN

bezeichnet das Erhitzen von Zucker, das eine goldgelbe Masse mit nussig-bitterer Süße erzeugt.

KARKASSEN

(von französisch *Carcasse* = „Gerippe") sind die nach dem Tranchieren kleinerer Tiere, Geflügel oder Fische, zurückgebliebenen Knochengerüste mit anhaftenden Fleisch- und Hautresten. Sie dienen vor allem als Grundlage für Suppen und Saucen.

KRUSTADE

ist eine Teigpastete in Tortenform mit herzhafter Füllung.

KUVERTÜRE

(von französisch *couverture* = „Bedeckung")
ist eine Schokoladenüberzugsmasse für Torten, Gebäck oder Pralinen. Sie hat im Vergleich zu gewöhnlicher Tafelschokolade einen höheren Fettgehalt, damit sie sich im geschmolzenen Zustand leichter verarbeiten lässt.

MARINADE

ist eine würzende, manchmal saure Flüssigkeit, in die rohes Fleisch oder Fisch eingelegt werden, damit Gewürze und Säure in die Speise eindringen und sie schmackhafter und zarter machen.

MARZIPAN

ist eine süße Masse aus gemahlenen Mandeln, Zucker und Aromastoffen.

PARFAIT

(von französisch *parfait* = „vollkommen")
ist die Bezeichnung für sowohl würzige Pasteten und
Terrinen als auch für halbgefrorene Süßspeisen.

PRALINE

ist eine Süßigkeit aus Schokolade mit unterschiedlicher
Füllung; meistens wird sie gefüllt mit Nougat,
Nüssen, Pistazien, Trüffel, Likör, Marzipan, Crèmes oder
auch Früchten.

REDUKTION

bezeichnet das lange Einkochen von Flüssigkeiten
wie Fonds, Bratensaft oder Saucen, um den Wassergehalt
zu verringern und den Geschmack zu intensivieren.

SENF

ist ein scharfes Gewürz, das aus den Samenkörnern
der Weißen, Braunen und Schwarzen Senfpflanze
hergestellt wird. Senf gehört zur Familie der
Kreuzblütengewächse.

UMAMI

zählt neben süß, sauer, salzig und bitter zu den
Geschmacksqualitäten der gustatorischen Wahrnehmung.
Der als würzig und wohlschmeckend beschriebene
Umami-Geschmack wird durch Glutamat
und Aspartat ausgelöst.

OHNE KUVERTÜRE, DIE DU FÜR MICH BIST

STATT KÖRPEREIGENER SUBSTANZEN

GEGEN DAS KENTERN
UND SINKEN

KLEINES LEXIKON DER VERWENDETEN KULINARISCHEN BEGRIFFE

→ Schopenhauer, Arthur: *Die Welt als Wille* und *Vorstellung* (1819). Beide Bände in einem Buch. 3. vermehrte und verbesserte Auflage. Leipzig: Brockhaus, 1859. S. 708.

→ Emcke, Carolin: *Wie wir begehren*. Frankfurt/M.: Fischer, 2013. S. 48.

→ Ginsberg, Allen: *Ego-Beichte*. In: Ders.: *Jukebox Elegien. Gedichte eines Vierteljahrhunderts 1953-1978*. Aus dem Amerikanischen von Carl Weissner. München: Hanser, 1981. S. 94.

→ Comeau, Joey: *Lockpick Pornography*. Aus dem Englischen von Tobias Reußwig. Wien: Luftschacht, 2016. S. 65.

→ Pessoa, Fernando: *Das Buch der Unruhe des Hilfsbuchhalters Bernardo Soares* (1982). Aus dem Portugiesischen von Inés Koebel. Frankfurt/M.: Fischer, 2012. S. 504.

→ Foucault, Michel: *Was ist Aufklärung?* (1983). In: Erdmann, Eva et al. (Hg.): *Ethos der Moderne. Foucaults Kritik der Aufklärung*. Frankfurt/M.: Campus, 1990. S. 45.

→ Borchert, Wolfgang: *Im Mai, im Mai schrie der Kuckuck* (1947). In: ders.: *Das Gesamtwerk*. Reinbek bei Hamburg: Rowohlt, 2009. S. 270.

→ Green, Eva (Vanessa Ives) in der TV-Serie *Penny Dreadful* (2014 - 16).

Vorab veröffentlicht wurden:

DAS BECKEN
in: Belletristik. Zeitschrift für Literatur und Illustration 12 (2012). S. 35.

SCHREIBPROZESSFORSCHUNG
SIMULATION DER FREIHEIT
SOUNDTRACK MEINER VERTRACKTEN GEGENWÄRTIGKEIT
in: Literaturmagazin [SIC] 6 (2017). S. 19.

IM NETZGARTEN
IMMER WENN-GEDICHT
in: außer.dem 24 (2017). S. 34-35.

DER SCHUH
in: Glitter – die Gala der Literaturzeitschriften 2 (2018). S. 59.